シリーズ

あた……のぜひたく。

—穴……とにかく酒には。—

ユ……正太

幻冬舎
コミックス

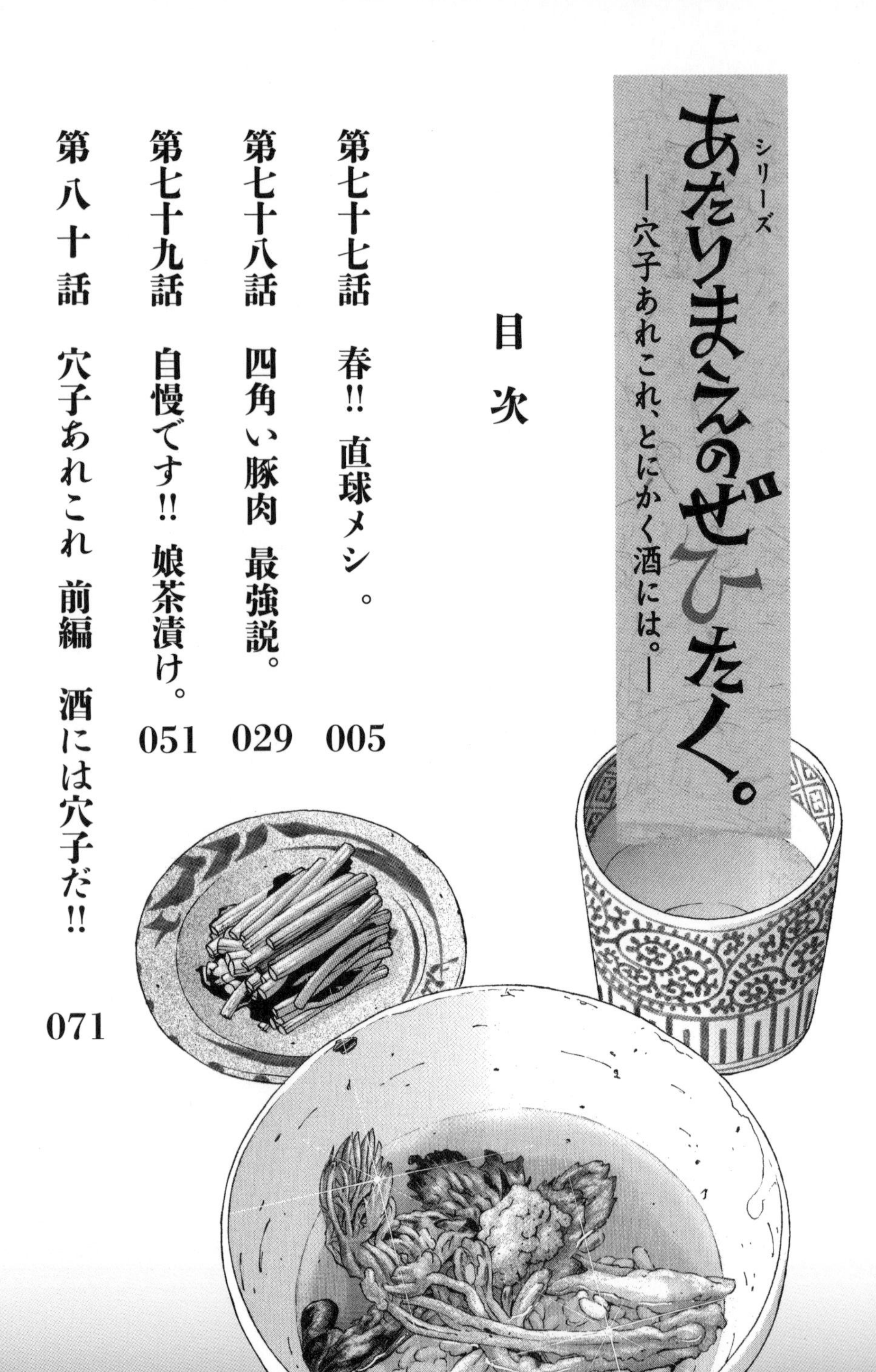

あたりまえのぜひたく。

シリーズ ―穴子あれこれ、とにかく酒には。―

目次

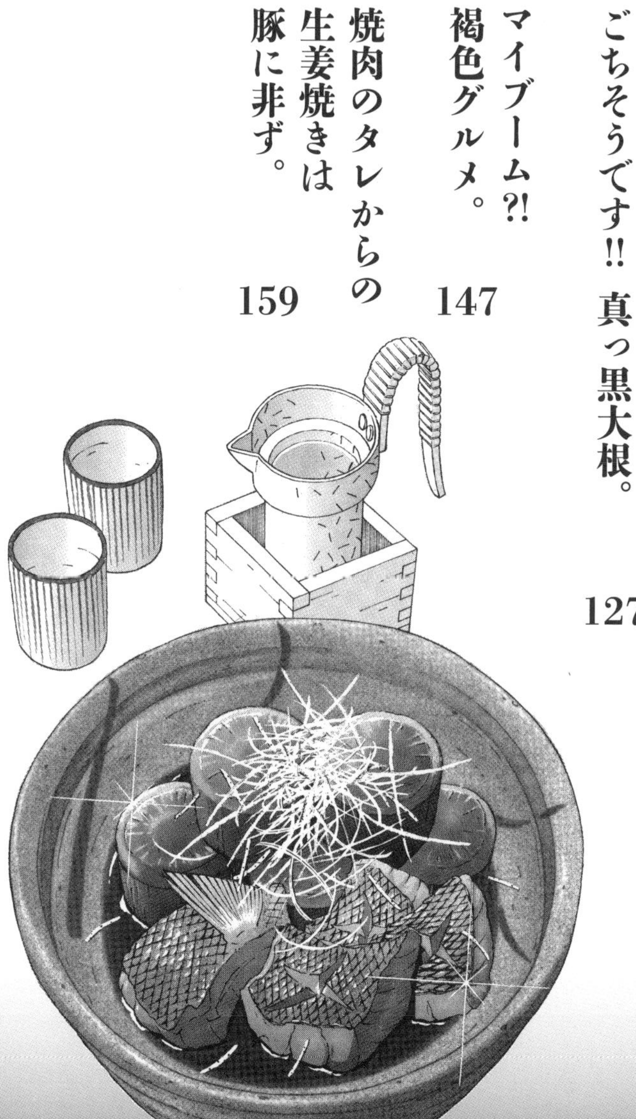

◎カバーイラスト・デザイン
きくち正太
◎装丁
西野直樹デザインスタジオ
◎担当編集
高松千比己（幻冬舎コミックス）

春!!
直球メシ。
第七十七話

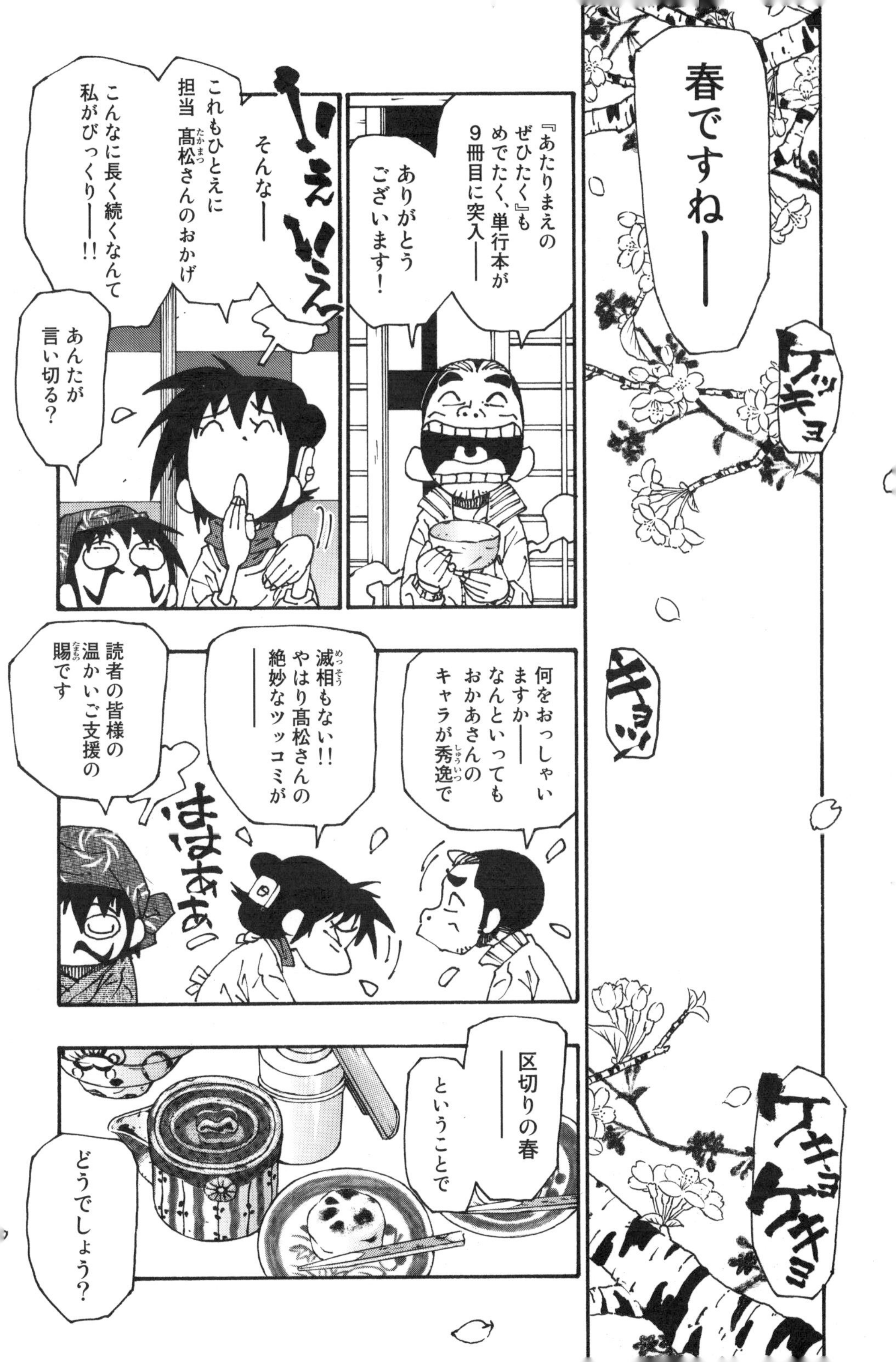
春ですねー
ケッキョ
『あたりまえのぜひたく』もめでたく、単行本が9冊目に突入――
ありがとうございます!
いえいえ
そんなー
これもひとえに担当 髙松さんのおかげ
こんなに長く続くなんて私がびっくり――!!
あんたが言い切る?
キョッ
何をおっしゃいますか――なんといってもおかあさんのキャラが秀逸で
滅相もない!!やはり髙松さんの絶妙なツッコミが――
読者の皆様の温かいご支援の賜です
ははあぁ
ケキョケキョ
区切りの春――
ということで
どうでしょう?

春＝球春
奇をてらわず
春の――
直球メシ!!
元高校球児!!
でやあああ～
上等だァ
受けて立って
やらあ!!
元ギター小僧
チョーキング～♪
よっしゃあっ
春の直球メシ、
食材は
どうすんだい?
なんでも
きやがれ
例えば
山の幸?
筍以外に
何がある!!
海の幸
だったら?
桜鯛だァ、
つきゃろお
即答たァ、
さすがだぜぇ
だったら
明日は市場で
どうだ!
ひさしぶりだな、
時間は何時
だァ!!?
8時で
どうだァ!?
車 出して
やっからよ
シャクだけど
甘えさせて
もらうぜ、
お願いしますだ、
こんちきしょう
こちらこそ
だぜ――
とんちきめぇ
仲睦まじい
わ――

大東京
卸売センター
♪
福岡産
1200円
5本
筍は福岡産
出始めのこの小振りなのが香りがいいんだよな
真鯛
キロ
1800円
真鯛、これでいくらですか!?
イッパー1500円でいいや
ください
定
真サバ
350
009

走りの筍に
春の真鯛、
別名 桜鯛
春の直球メシ、
食材も
手に入って
早いとこ帰って
仕込みして――
すみません、
これはなんという
魚ですか？
あ――!?
これかい!?
これは――
ん――と
1皿
600円
きくちさん
分かります？
分らん
な――
そまあ
カサゴ……
いや――
カサゴの
仲間、たぶん
市場の
魚屋さんでも
分からない
魚って
あるんスね
このひと言がオヤジに
火をつけたようだ
たまたま
揚がった
未利用魚
なんだろうな
これはどうだ!!
持ってかねーか
鮮度抜群!!
こんなのめったに
出ないよ――!!?
ゴトッ

でかっ
なんだ この魚!!?
40㎝は
ゆうにあるな
刺身で充分
いける!!
安くしとくよ!!
奥のがイスズミ、
手前のが――
えええと?!
あれー!?
ニザダイ、
通称 三の字
ですよね
そうそう
さんのじ、
三の字!!
よく知って
ますねー!!
どやあああ
2匹とも釣りの
外道としちゃあ
定番の魚だから
どうします?
きくちさん
どうしますと
言われても
どっちも
捌いたこと
ないし――
捌きたいな――
初めてだしな――
でも、春の直球メシ
いいのか――!!?
食材がこれで――!!
ダメなんス?
めっちゃくちゃ
変化球!!!
2匹で
1000円
ください!!!

ただいまし
おかえんなさいし

ズズン!!
筍、真鯛は分かりますが、不可解なのが2匹ほど――
オヤジの……牽制球にうまいことやられてな
この魚は直球なんですか!?
いや、もうビーンボールに近い

じゃあ、まず
筍の下拵え(したごしら)
いきましょう
はい♡
じゃあああ
タワシで
泥汚れを
洗い落として
先っちょを
斜めに切り
落としたら
ズバッ
縦に切り込みを
入れて――
ぴっ
鍋に水から
火にかけて
米糠(こめぬか)に
鷹の爪(たかのつめ)
1時間から
1時間半――
柔らかくなるまで
煮込みます
くつ
くつ
くつ
くつ
お次!!
真鯛は
ウロコを
取りまして
ガッガッガッ
頭を
切り落とす
ぴっぴっ
今回、アラは
出汁(だし)として
重要なので
頭を割って
エラと内臓を
水洗い――
ズバッ

胴は腹を開いて、血合(ちあい)に包丁を入れる
しっかり水洗いして
尾ビレを向こうに腹を開いて
ぴぴーっ
尾ビレを手前に背を開いて
最後に背骨の上に包丁を入れて、骨と身を切り離す
ごりごりっ
腹骨をすき取って
血合骨を切り取る
ぷっ
5㎝くらいのぶつ切りにしまして
とっ
はいっ
このように切り分けたらすべてのパーツに軽く塩をして
ちょいと干しておくと味もうんと良くなります
魚屋さんで捌いてもらって全然かまいませんよ♡

筍はどうでしょう？
根元に竹串が通るくらいになったら
火を止めてそのまま冷まします
そしたらお次――
ちょい干しの鯛のアラと昆布で出汁をとります
うすくちしょうゆ
塩
鯛のアラは熱湯にさっとくぐらせて
ザルにあげて
昆布と一緒に水から鍋を火にかけて
沸いたらアクを掬って
弱火でコトコトと30分――
くつくつ
筍の粗熱がとれたところで
糠を洗い落としまして

皮を剝いて
筍の先っちょを手前に竹串で表面をきれいに掃除します
すとん
先っちょの皮を切り落として
先程の昆布と鯛アラの出汁を濾したら
塩、淡口醤油で濃いめの吸い地くらいの味付けをして
筍を20分くらい煮て、そのまま冷まします
それではお米3合に土鍋の準備お願いします、おかあさん
はいです♡
お米に土鍋ということは!?
筍の炊き込みごはん
直球!!

トッピングはちょい干し鯛の塩焼き
豪速球ーー!!!
いいですねいいですね
鯛と筍の炊き込みごはん、まさに春の直球メシじゃないスか——
ええと
なんでしたっけ——
イスズミにニザダイ、三の字な
ところで——
どうやって食べます?きくちさん
魚屋のオヤジさんが鮮度抜群て言ってたから
刺身で食べてみようじゃないか
大丈夫なんです!? 2匹とも初めてよね、捌くの——
前例がないからうんぬん、どこぞの役人、政治家じゃあるまいに
次はいつ出会えるやら分らん魚——どれほどのクセ球、変化球か
目があぶないわ

前述しましたが今回のイスズミにニザダイは磯釣りの外道として定番でありまして――
それは何故ですか？
クロダイ、メジナに比べて味が劣るとされているから
捌いたことはなくても、釣ったこと食べたことはありますか!?
ありません!!ですが、これも多生の縁――検証しなくちゃ、味わわなくちゃ
未知の魚への執着、好奇心、食欲、すごいものね――おとうさん
では、まず市場では磯臭いと敬遠されがちなイスズミですが、捌いてみると魚屋の言う通り鮮度がいいのでしょう
臭いはまったく気にならず
骨格もどこか特殊なことがあるわけでもなく
鯛同様、3枚卸しまったく問題ありません
あとでいただくのが楽しみです
腹の内側りがまっ黒い
お次はニザダイ、これはかなりのクセ球でありまして
尻尾の付け根に三の字の由来である3つの黒くて鋭い突起物がありまして
そこを不用意に握ったりするとその突起で大怪我を負わされます――それも釣り人に外道呼ばわりされる要因でありまして
英名がドクターフィッシュ〈外科医の魚〉
ですから最初にそこを皮ごと切り取ります

そのうえ、イスズミとは違い鮮度がよくてもニザダイは内臓が
激臭(げきくさ)です!!
ですからまずは背中から包丁を入れて、背骨までを断ち切ります
次に内臓を傷つけないよう腹の皮を切り裂きまして
流しの中で顔と胴体を引きちぎります
ごりぼぎっ
そしたら手早くエラごと内臓は取り捨てて
じゃあじゃあ
血合も切り開いて歯ブラシなどを使い
とにかくしっかり水洗いしましょう
た……確かに
海岸に打ち上げられた海藻的な匂いが……
ヒレの際に包丁で切れ目を入れ
頭のほうから皮をしっかり掴んで
一気(いっき)にひっぺがします
ぴりりっぴりりっ
そしたら、あとは3枚に卸します
イスズミ
ニザダイ
イスズミは赤みを帯びた透明感のある白身——
ニザダイはこれぞ白身、純白です!!

それでは直球に戻りましょう
お米、お願いしますおかあさん
はいです
鯛出汁で煮含めた筍を根元、先っちょに切り分けて
根元はひと口大のイチョウ切り、先っちょは縦に薄切りにします
お米は、筍を煮た鯛出汁に30分以上は浸して
刻んだ筍、ちょい干し鯛の切り身、三ツ葉で準備オッケー
まずは筍を米の上に均等に並べます
かき混ぜないでくださいね——
コンロにかけて火は強火!!
土鍋の炊き込みごはん、何かコツは!?
火加減とかは白米と一緒、目を離さないことぐらいか
炊飯器でも全然かまわないわよね
最近の炊飯器って優秀だから

鍋がしっかり吹いてきた頃合いで火は弱火
しゅううう
ここからタイマーで10分
グリルにちょい干し鯛の切り身をセット
軽く焦げ目がつくくらいに焼いてください
ぴぴぴ
10分経って鍋の音がぐつぐつからちりちりに変わり――
香ばしい匂いがしてきたら
仕上げに強火で1分
あっ
くんくん
くんくん
直球ど真ん中の香りがしてきましたー
フタを開けて焼けた鯛をごはんの上に並べたら、再度フタをして
10分蒸らしましょう
イスズミ、ニザダイのお造りいきます

生山葵(なまわさび)をおろして
すりずり
刺身は普通に引き切りと厚さを変えてそぎ切りの2種類
勝手知ったる担当マンガ家の台所――
♪
へいっ!!
お待ち
イスズミ、ニザダイどちらも真鯛の半値以下!! 磯魚2種盛り
見ためだけならとっても直球っぽいいんですけど
他所(よそ)で食べられたりします!?
超釣り好き、魚にやたら口うるさいオヤジがやってる居酒屋――
食えるとしたら、そんな店以外まず無いわな

ええと?!
イスズミね、イスズミ
あら
匂いも全然気にならず、クセがなくて食べやすいー
うん
脂がのってる割にはすごい淡泊
いやあ
身に粘りがあって
美味しいんじゃないんスか!?
ええと
ニザダイ、三の字ね
身が純白
おもしろい白身ー
まあ
身がさくっとしておもしろい
うん…
クセもなく
………
あとからほんのり臭いがきますねー
イスズミ、ニザダイ、紹介したのは刺身でしたが
どちらも外道などと馬鹿にしちゃいけません、ニザダイのクセもごはんに海苔と一緒に食べるとそれはもう
美味!!
アラのちょい干しもオツ、フライなんかにしたら子供も大人も大はしゃぎ
近海の魚、未利用魚ーどんどん食べましょう、そして
困ったオヤジですよ、おとうさん
何?! 君三の字食べたことないの?!
どや顔で悦入です

でもって——
白身魚にお醤油、生山葵を肴に——
春の直球ビールを

世の中に絶えてビールのなかりせば花見のこころのどけからまし—♡

それでは〆
お待ちどう様です——♡
春のど真ん中、直球メシですよ———♡

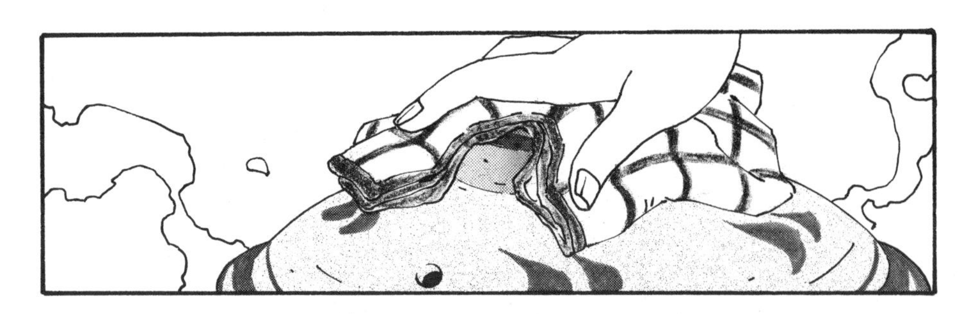

かえしま——す
おコゲもバッチリー♡
きゃあ〜♡
絶対美味しいやつですよ——♡

お味噌汁は豆腐、油揚げに葱
沢庵に鉄砲漬、胡瓜のお新香付き♡
開幕戦でもう160キロ——!!

はふ
はふ
はふ
この湯気、この香り――
最高に幸せな呼吸ですよ――!!
ぱくっ
うわぁあぁあっ
めちゃくちゃ美味いっ
筍の香り、歯ざわり、鯛とごはんの香ばしさ
特に鯛の皮の美味しさったら――!!
春の食材の上品な甘さと香り、お米の風味まで
全然
じゃましてないのよね、昆布と鯛の出汁が
ツボです♡いくらでも食べられそうよー♡
ぱく
ぱく
ぱく
ぱく

——で、これがまた
冷えた辛口の地酒に——♡
きんっと
きゅううう
あはは
料理も野球もやっぱり直球がいいっスよね
世の中に絶えてお酒のなかりせば
絶対あるし!!!
ストレートに始まりストレートに終わる、か
ははは
ニザダイ、美味しかったわよ——♡
筍に鯛にごはんを肴にお酒を——
ちびりちびり
大人っスねー
隠し球っスよね

●『春!! 直球メシ。』終●

四角い豚肉最強説。

第七十八話

駅前スーパーの
食品売り場が
大幅に
リニューアルした
Ito Yo
コロナの影響で
あろう――
冷凍物のコーナーが
がぜん増えた
冷凍食品
野菜
おかず
冷凍食品の類は
ロックアイス、
うどん、そば――
それ以外は
うちの食生活に
そんなに関わりはない
だいいち うちには
電子レンジも無いの
だから
本格!!
炒飯
450g
焼
おにぎり
うちに関わりが
大きくあったのは
お肉コーナー
店員さんの
応対がとても
よろしい
対面式、
量り売りの
それが
オープンした
ことである
いらっしゃい
ませえ♡
こんにちは
――
それによって
肉につきものの
発泡スチロール
トレイのゴミが
かなり減った
大切なことで
ある
容器が紙製
割引商品も
多く、物も
悪くない
特にマエスチョロが
目を魅かれるのは
肉
100g ¥145円
豚上
300g〜
30%OFF
お値打ち、
お得感も
大切です

豚肉!! それもバラ、三枚肉の塊!!
見るからに新鮮そうな純白の脂身と淡紅色の赤身が、折り重なり具合も実に見事で――
豚バラ肉 埼玉産麦豚
美味そうだと思わんか、おかあさん
100g 300円、豚肉にしてみたら高級品ですよ
ゴロンと角煮とかさ
角煮だとしたら塊肉1本じゃ済まないでしょ
あれひとつ500gはあるわよ、100g 300円で
だめかぁ!? とろんとろんに煮込んで、ほろほろになったやつを練り辛子で
菜花にシシトウ付け合わせで
心は揺らぐけど100g 300円だし――
芋焼酎か泡盛を氷でキィーンと冷やして――初夏に先駆けて
だめかぁあああ
100g 300円――!!
もうすぐタイムサービスで30%引き
500g以上お買い上げでさらに10%引き
どん
3本ください♡

大好物です
何を隠そう 髙松は、角煮には目がありませんで
確か、以前マンガにするんなら、クーニーはフービーだと
はぁはっはっは
一体 なんのことやら
四角い 豚肉に敵う ものが この世に 居りましたかな――

豚肉1キロ半!!? 大迫力――!!!
見るからに美味そうな衝動に駆られて
とどめはタイムサービスでした――♡
てへっ
豚バラ肉の下茹でから
出汁昆布、葱の切れ端、ニンニク、生姜を準備して
いいスか?
豚の角煮って結構ハードル高いイメージがあるんスけど
油で焼いたり、茹でたり、圧力鍋で煮たりとか――

中華の東坡肉（トンポーロウ）ではないから時間はかかるけど手間はそれほどでもない
うちに圧力鍋無いし、あっても恐（こわ）くて使えないわ、きっと――
まずは沸騰したお湯にバラ肉を入れ
4～5分湯がいて表面の汚れを取ります
ザルにあげて
壮観だな――
もうもう、ここですでに美味そうっスね――
もとは100g300円ですもの――♡
そしたら次は水から
出汁昆布、葱、生姜、ニンニクは軽く潰して
沸（わ）いたらアクを丁寧に掬（すく）いつつ
弱火で2時間

2時間経ったら火を止めて
昆布、葱、生姜、ニンニクを取り除き――
涼しいところか冷蔵庫でひと晩おきます
ひと晩!!?
そこが角煮のポイント其の1なの
ポイント!?
明日になれば分かります♡
脂が固まって真っ白だ――
それを丁寧に取り除きます

けっこうな量っスね
脂を固めて取り除くと、角煮があっさりさっぱり美味しくなるのよ
脂は冷蔵庫に入れておいて
野菜炒め、炒飯にラードとして使うとコクがあって美味しいです
肉を取り出して、茹で汁を濾します
それでは角煮の調理とまいりましょう
茹でたバラ肉500g 3本、その茹で汁
調味料もシンプルに醤油、味醂
ポイント其の2——
しょうゆ
純米 本みりん
泡盛♡
泡盛!!?
ひと頃、沖縄は石垣島、竹富島にドハマリしてな
これが絶妙に豚肉の匂い、クセを消してくれるのよ
——ということは!?
うちの豚角煮のルーツは中華でも和食でもなく——
ラフテー!!!

さくあっ
では、豚肉を切り分けますよ
四角くさくんとお願いしまーす♡
だあぁぁ
切った肉を鍋に脂身を上に敷きつめて
ひたひたに茹で汁を張って——
そこに煮切った泡盛をカップ2
煮切るときは炎に気をつけて少量ずつ
味醂、醤油カップ2/3
点火
かちん
沸いたらアクを掬いつつ弱火に落として
フタはせず、表面が乾かないよう茹で汁を足しつつ2時間
豚肉がいい感じの飴色になってきました

そして
ポイント其の3、
ここで登場
パイ
ナップル!!
さく
葉っぱと尻を
落として、タテに
半分に割り――
皮を削いで
薄くスライス
します
パイナップルで
フタをする
感じで並べ
入れて――
弱火で
さらに1時間
そうすると
パイナップルの
甘味、酸味が
加わって 豚肉が
さらに美味しく
なるのだ
昭和の酢豚的な?
一緒に食べる
わけじゃないし、
別にパイナップル
以外でも
全然かまわんし
例えば!?
南国系だったら
パパイヤ、マンゴー、
寒い時季なら
梨にリンゴ
安くあがるのが
パイナップル♡

ここで味の最終調整、醤油、味醂各カップ1/3
しょうゆ
煮詰まっていくことを考えて、味加減は控えめで
くつくつ
弱火で1時間煮込んだらパイナップルを取り出して
ひとまず
完成!!
すぐに食べて問題はありませんが
鍋のままきっちり冷ましますと、味が染みてより一層美味しくなります
んしょっと
強力小麦粉
それを使って軽い点心的な一品でもと思ってね♡
材料は小麦粉300g、ドライイースト2g、塩3gに水を160cc
強力小麦粉
ドライイースト
塩
おかあさんは何を!?
角煮につきものじゃない、煮崩れたりしたハンパなお肉が

始めま
ーす♡
小麦粉に
ドライイースト、
塩、水――
全部 合わせて
粉がまとまって
きたら、全体が
なめらかに
なるまで
こねます
こねます
うにうにうた
うにうにうに
そしたら
表面を
ウラっ返す
イメージで
上から下に
ふにふにふにふに
ラップをして
常温で30分
くらいかしら、
生地が発酵するのを
待ちます
サランラップ
30分
経ちましたら
発酵した
膨らみ具合も
いい感じです
それを
ざっくり
4等分
ざくざく
そしたら、また
表面をウラっ返す
イメージで
ふにふにふにふに
乾かないよう
布をかぶせて
5分――
おやすみなさい
5分 経ったら
強力粉で
打ち粉をして
麺棒で
径20㎝くらいに
丸く伸ばしまして

温めたフライパンで火はごく弱火、6分ずつ両面を焼きまして
フライパンで!?なんスかね、タコスとかトルティーヤ的な——
近いんだけどちょっと違うんですよ
本日のお楽しみということで
それでは角煮の仕上げにかかろう
食べる分の角煮と煮汁を小鍋に取り分けて
煮汁を回しかけつつ、角煮を崩さぬよう
しっかり温めます
辛子はゆるめに溶いて
あしらいは素揚げのシシトウ
肉を器に盛りつけたら
水溶き片栗粉で煮汁に軽くとろみをつけて

島の
球泡盛
古酒
30°

四角い豚肉最強説!!
謂(い)ったとおりだと思いませんか!?
否定はしないけどな
ほろ…
まじ箸だけでほどけちゃいますね!!
泡盛にパイナップル
いい仕事をしてるわ
いいんスかね、これひと口(くち)でいっちゃって
ルービックキューブ1列分くらいありますよ!?
お店だったらちびりちびりうんと時間をかけていただくんだろうけど
うちだし♡
ぱく

あっ
脂身が一瞬で溶けた♡
ほいっ
その脂身がクセも臭いもゼロ!!
脂を丁寧に除いたおかげっスね
後から、ほんのり泡盛とパイナップルの風味が効いてきて
うんうん
その後も噛めば噛むほど醤油ベースの甘さ、辛さ、酸味――いよいよ角煮本来の味が
肉の繊維から染み出してきて
うわあああ
なんて幸せが長続きする角煮なんだァ――――!!!
――で、泡盛を
きゅっ
軽くステアしてやって
氷たっぷりの片口(かたくち)に注いで
からら~ん…

この
組み合わせが
言わずも
がなの
ぱくっ
んん
ちゅうううう

四角い豚肉さんと
泡盛さんのタッグで
さらに最強ォ!!
いいっスねえええええ
この泡盛の
飲み方——
水っぽく
ゆるま
ないし、
冷たいのが
その都度
飲みきりで
——
片口と氷は
うちの
オリジナル
よね
ハマっち
まって
行きついた
飲み方っス

無限ループ始まっちゃいますよ
いいっスか!?四角いの2ヶめいっちゃっても
うちの家飲み自慢はそこだもの、好きなだけ食え!!
おかあさん中座
先程フライパンで焼いたパンを半分に切って
切り口に包丁を入れまして
袋状に開きます
練り辛子をちょんちょんと塗りまして
具は角煮の形のよろしくないところ
茹でキャベツ、葉玉ネギ
今日は奮発して茹でうずら玉子
おまたせぇ
本日のお楽しみでーーす♡

どーぞ〜
魯肉飯（ルーローハン）ならぬ——魯肉（ルーロー）ピタパン

煮くずれた角煮とごはんて とっても美味しいじゃない
でも、今日はパイナップルだったから
ごはんと合わせるなら果物はリンゴか梨がいいかな
実は私、昔 近所のパン教室に通ってて
ピタパンはよく作るの、材料はシンプルだし簡単だし

最っ高ーーっス、おかあさん!!

エスニックでも中華でも、日本でも沖縄でもない

なんスかね、これはーー!!?

きくち家(け)かしら♡

あっはっはっはっはっはぁあっ

●『四角い豚肉 最強説。』終●

第七十九話

自慢です!! 娘茶漬け。

変わった形の急須ですね――
そうなのよ
去年の暮れ、仙台で一泊したのよ
仙台？
その頃、コロナがうんと落ち着いたではないか
久しぶりに遠出でもするかと

仙台駅から
電車とバスで1時間、
日本一と評判の
閖上の赤貝!!
わざわざ行ったは
いいが、食べ損ねた
ことがあって――
コロナ前に
海水のプランクトン濃度が
上がったとかで
そうすると貝が毒を
持っちゃうんだと――
石巻
松島
仙台
宮城県
名取
閖上
太平洋
そのリベンジで
赤貝三昧
美味しかった――♡
急須は!?
仙台の街中に
壱弐参横丁という
とっても素敵な
昭和レトロな
一画があって
壱弐参横丁
壱弐参横丁
そこに
これまた
いいカンジの
お茶屋さんが
店出してて
急須の品揃えが
なかなかでね
普段使いの
オーソドックスな
急須がちょうど
欲しいなと思ってた
ところでな
そしたら
その急須が目に
飛び込んできて
これくださいい!!
普段使いの
オーソドックスな
急須ですか――?
これが……
ちょっと平べったい
だけよね
目詰まりもなくて
朝の一服には
欠かせないしな

でも、私——
お茶屋の娘には
これ絶対 お茶が
美味しく煎れられる
やつだ♡
ときたの
ぴーんたん
急須の形でお茶の
味って変わるんです？
煎れて
みましょう
湯ざましの
片口にお湯を
注ぎます
ほぽぽ…
次は急須に
お湯を入れ
急須から
茶碗にお湯
急須、茶碗を
温めます
茶葉を
量り
今日は
100g
1500円の
上等煎茶
急須の
底面全体に
茶葉を広げて
湯ざましの
お湯を注いで
温度は
60℃
茶碗のお湯を
湯こぼしに
捨てます

ひと呼吸おいて
ゆっくりと急須をかたむけて、最後の一滴まで
そそぐ
ちぽぽ…
どうぞ
いただきます
言われてみれば違いますね
いや!!
ただでさえとても美味しいきくちさん家のお茶が
まろやかさ、旨味、深みがより一層
増幅したような
うんと

ねえぇ
上等な煎茶を煎れる時、お茶屋さんだと取手なしの宝瓶型の急須を使うんだけど、ぬるめのお湯で時間をかけて
雑味を抑えて旨味だけを抽出するように
でも、この急須は底が浅いっていうか真っ平!!
茶葉ものびのび開きやすいし、放っといてもお湯はぬるめになっちゃうしで
お茶本来の旨味が十二分に引き出されるの
雑味なんてほとんど0に近いし
新
ゆげ
それに宝瓶型の急須ってやっぱりハードル高いじゃない、初心者には
お湯が熱いと火傷しちゃいそうで
あっちあちっち
楽勝♪
その点この急須だと安心、基本さえ守れば誰でも美味しくお茶が煎れられるすぐれものよ♡

確かに——濃厚な味わいなのに爽やか
急須のおかげか——
考えてみれば、外できくちさん家以外美味しい日本茶を飲むこともないし
さすが!! 深いっスね造詣が——!!
きゃ
カミさんがな
きくちさんも深いっスよ、お酒とか
そうかな
ただの深酒でしょ

そうだな――今は外でお茶といったら＝ペットボトル
急須からお茶注いでくれるお店なんてのも見なくなったし
ず…
ありましたよね、定食屋さんとかこういう土瓶に茶碗――
店のおばちゃんが煎れてくれてな
今は急須があっても中身がティーバッグだったり
お酒の〆にしても、かつてはお茶漬けが定番だったのに
今やラーメン一辺倒っスもんね
鯛茶漬けとか流行ったりもしたけど
ぜーーんぶ出汁茶漬け――お茶漬けなのにお茶じゃないし
ぶぶぶぶぅぅぅ
――――
きくちさん家のお茶って他所じゃないくらい美味しいっスよね
自慢じゃないけどな
お茶屋の娘なもので――
てへっ
〝あたりまえ～〟でお茶漬けメインで描いたことありましたっけ!?
海苔の茶漬けは描いたかな
その時は食べ物よりお茶のほうがメインだったわよね

どうっスか？
深さで勝負
きくち家　渾身の
お茶漬け!!
あとには引けんな、
茶漬けといえば
酒の〆——
まずは飲むか
やむをえません、
深さで勝負
しましょう
ダメな
大人

かんぱあぁぁい!
これもひとえに
お茶漬けのため
飲んだ後の
茶漬けの素晴らしさを
伝えるための仕事――
がんばって飲む
しかないいな
結局、飲んでる
おかあさん
美味い酒だ
仕事がキツイ
なんて言って
られないスねー
秋田の地酒、
飲み口が
素直でね
お値段も
手頃だし
仕事仕事
うまからこんさく
料理
ツヤツヤの
白身魚
なんです?
魚は――
一昨日、
国分寺の
駅ビルで
イサキだった
かしら!?
朝締めのが
安かったんで、
これから旬だし、
それを昆布締め
してある
イサキの
昆布締め
いただきまあぁす!!

うんっ
程よい脂ののり
それが昆布の旨味と一緒にねっとりと絡んで
ぐびっ
そして仕事!!
だめな大人…
さあっ
お次!!
この山菜は!?
うちの実家、お店の裏の雑木林でとれました
天然のタラの芽♡
食べ応えが違いますね
天然物は――
仕事もはかどります♡
だめな大人の見本市…

さてと
その
へんで〆にしないと本当に酔っぱらっちゃって
とても仕事どころじゃなくなりますよ
ちゃんとした大人
えええええ
まだ仕事の途中なのに――!!?
ちゃんとしてないので会話もわけが分からない
ひっく
もっと仕事がしたいよー―
う…ぷ!!
お茶屋さんの〝娘茶漬け〟始めます♡
熱々のお湯を大きめの急須に注ぎまして
ぽぽぽ…
それを茶碗に、急須と茶碗を温めます
茶葉はたっぷり多め
普段使いの100g1000円の煎茶です
やぶ北茶

急須に茶葉を入れて
やぶ北茶
お湯はやかんから直接 熱湯――湯ざましは使いません
ぽぽ…
茶碗のお湯を捨てて
ごはんをよそいます
ごはんが少なすぎませんか!?
お酒の〆ですもの
〆の豚骨ラーメン無理して完食しちゃって、次の日思いっきり胸やけ
そんな後悔しないように、娘茶漬けはひと口ふた口食べきりサイズ
そのかわりおかわりは好きなだけ
娘茶漬け、やさしい……
じ～ん
そしたら茶漬けの具
一煎目は白身魚、先程のイサキの昆布締め

お茶漬けは
カンタン
節約料理
昆布締めの
端っこを小さめに
切って、調味料は
淡口(うすくち)醤油のみ
ごはんの
真ん中に
こんもりと
盛りつけて
淡口醤油だけ!?
何かダシになる
ようなものは!?
お茶
そしたら
熱々のお茶を
イサキの上から
ごはんにも
まんべんなく
ぽ…ぽぽ
あれ!?
めっちゃ
いい匂いが
してきた
くん…
最後に
おろした
生山葵(なまわさび)を

な、なんだろ……
ごはんは
ちんまりなのに、
大振りの茶碗に
たっぷりと
湛えられた
お茶の山吹がかった
若草色と
生山葵のグラデーションが
なにやら たまんなく
ぜひたくに映るんスけど
——……
ごくり…
ず…

たまらんーー!!
なんだこれ!? 調味料は醤油だけ!!?
あとはお茶!!?
味のキレ、冴えがものすごい!!!
サイッコーのスープっスよ、これはーー!!?
そこにイサキのコク!! 生山葵のツンとした辛味!!
ごはんの柔らかい甘味!!
茶碗の中でまさに渾然一体!!!
娘茶漬け
めちゃくちゃ
美味えーー!!
ほっこり…
ーーで、この癒され感
たまらん!!
お言葉に甘えて
おかわりいいっスか?

二煎目は
一煎目の旨味にかわって、さっぱりとした渋味、苦味が特徴なので
それに合わせて
余分に揚げておいたタラの芽天ぷらで
天ぷら──!!?
ぽぽぽ
ええ♡
それを焦げ目がつくくらいカリッと炙って
ごはんの上にのっけて
淡口醤油を少々──小さじ半分くらいかしら
お茶をまわしかけて
天ぷらのお茶漬けって一体どんな味が……
くん
あの…
イサキ茶漬けとはまた違った匂いが──……
くんくん
お茶漬けってすっごい香りが立つんだ──
──で、山葵を
ちょん

編集　髙松(たかまつ)——
人生で初めての
天ぷら茶漬け
ず…
うまあーーっ

ねえええ
美味しいもんでしょ――!?天ぷらの茶漬けも――
さら
さら
炙ったコゲの香りがいいんだよな―― 天ぷらの油とコクが相まって
下手なうなぎの出汁茶漬けなんかよりなんぼか美味い
さらさら
さらさら
おっしゃる通り
天ぷらのしつこさをお茶が程よく洗い流して、タラの芽の香りがきりりと立って――!!
さらさら
さらさら
さっきは沢庵、こういうお新香がお茶漬けにはうれしいスよね、歯応えが――
なんスか、これは苦味が茶漬けに合いますね――
さくさく
タラの芽と一緒に届いた
天然山葵の花と葉っぱ
それを鰹の一番出汁に醤油で漬けた自家製
天然山葵!!?
お茶に薬味の生山葵――おまけに天然山葵の漬物
酒の毒が抜けてゆくよう娘茶漬けデトックス――!!!
んがあああああ

お茶屋さんの娘茶漬け、堪能しました――!!
特に初めて食べた天ぷら茶漬け
天ぷらが余った時とかいいッスね、うちでもやってみます
海老の天ぷらだったら文句なしよね
海老は相性いいんだよな茶漬けと
甘海老の刺身を醤油で漬けただけでもなかなか美味い
あとは変わったお茶漬けで納豆とか――
納豆の茶漬け!!?
夏だったらきーんと冷えた冷茶でお茶漬け
白身魚もごはんも氷水で洗いにしてな
冷やし娘茶漬け!!
二日酔いの朝にはサイコーでしょうな
それにはまず飲まなきゃ
そこまで仕事熱心にならなくて結構です!!

●『自慢です!! 娘茶漬け。』終●

穴子あやこれ前編

酒には穴子だ!!

鰻（うなぎ）

穴子（あなご）

女子（おなご）

第八十話

JR根岸線
新杉田駅から
シーサイドラインで
ひと駅――
降りて 目の前
横浜は
南部市場に
来ております
あまあま
これ
ぜーんぶ
市場――!?
めちゃめちゃ
広いな
ちょっとした
テーマパーク
っスね
SUPER MARKET
あそこは
スーパー!?
すごい行列
――!!
朝よ!?
開店前よ!!?
飲食店も
いろいろー!?
王将!!?
南部
のすずお
淡光水産
本

光水産
大漁丸
こんな立派な鯖(さば)が200円!?
真サバ 200円
キス
爆安ーー!!
横浜引っ越そうかしら、おとうさん
キャベツ 100円
水菜 10円
おつかれさまーー♡
南部亭
中華寿司
うまい！
お食事処
かあん
んくんくんく

ぷはぁあ
市場の大衆食堂で定食にビールは大瓶で お疲れ様!! 幸せで全身身震いするようです!!
いいのかしら朝から
そこがよけいに身震いじゃないか
でも朝からですよ
おっしゃるおかあさんの飲みっぷりがハンパじゃないんスけど
お腹すきました、食べましょう食べましょう
マグロの中落ち定食―― マグロの中落ちってこんなに形がしっかりしてる!? それが お皿に何切れ!!?
天ぷらは穴子が2本
これも小柴産ですってよ!!? 交通費かけてやってきた甲斐がありましたね、おとうさん♡
んじゃあ
中落ちから
ぱく
マグロの味が濃っ!!
あっ♡
マグロはめばち!? 垢抜けた味でさっぱり!!
これぞマグロ!!

次はいよいよ穴子――
今日のお目当て
うん!!
せっかくマンガに描くんなら――
かつての築地でも一級品だから、小柴の穴子は
さくっ
わあ♡
話は5日程前に遡ります

梅雨で美味くなるもの!?
はい
毎年、いやでもやってきますよね梅雨シーズン
でも、それが美味しさには欠かせないとなれば梅雨の不快さも軽減――いえいえ
楽しみにも変わろうというもの

歳時記、季語だったら麦藁蛸のタコ、それで野菜は胡瓜に茄子
結構描いてるわよね、特にタコなんか

梅雨の水を飲んで美味くなるって言われてるのが鮎に泥鰌
それに鱧にうなぎに――長くてニョロニョロした魚、穴子もか!?
お!!?

刺さりました!!穴子、いいっスね――!!
きくちさんて穴子料理は!!?自分で捌いたりするんスか!?

できないことはないけど、やっぱりプロにまかせるかな
ちなみに穴子を割くのは関東では料理人の仕事
関西では仲買いが割いて、市場に出すのが常識だそうな
へえええええ
そうなの――

あー
いいんじゃないか、穴子であれこれ
めちゃめちゃ食いたくなってきた!!
でも、どうするかな穴子の入手
鮮魚店でもそうそう並ぶものじゃないし
外食だと高くついちゃうし―――!!!
市場ッスかね?
おかあさん、神奈川近代文学館、いつまでだっけ吉田健一展
観に行くとしたら、そろそろ終わっちゃうんじゃない!?
髙松くん、横浜に行こう横浜!!
はあ!?

我々は横浜の近代文学館吉田健一展――せっかくだから太田なわのれんの牛鍋を奮発して
ついでに一泊――翌朝、横浜南部市場まで足を延ばして
穴子を仕入れる、あったら地元小柴産!!
それで市場の南部亭で朝メシにビール!!
これでわしのウン年来の懸案がすべて解決!!!
なるたけ安いホテル探さなくちゃ
Asahi 生

いいスね!!
市場といっても
いつもの府中ではなく
横浜南部市場
では、髙松は
当日 市場合流と
いうことで
わあ♡
衣は歯応え
さくさく、
穴子はふんわり
ジューシー
さく
さく
美味しい♡
ふっくら
なんだけど、
身はしっかりして
るんだよな
これが小柴の
穴子か――♡
マグロもそうだったけど、
穴子も味が濃い!!
やっぱりいいなァ、
市場メシは――
気取ったところが
ぜんっぜん無いのも
サイコーっスね
安いしねー♡
キッチン K
MENU

昨日は初めて山手で港の見える丘公園を歩いたんだけど
眺めはマルセイユ、バラ園はクイーン・メアリー・ローズガーデン
ここはどこ!? 私の名前はエリザベス!!?
異国情緒120点からの一夜明けて、市場食堂でマグロに穴子でビール!!
エリーから八つぁん熊さん、お富さんに急降下!! 近場でこんな盛りだくさん、もうもう立派な旅行気分♡
昨夜の牛鍋、今朝の市場食堂
初めての店で食うメシ、飲む酒
それがまた旅気分を後押しして
吉田健一なんて旅=酒と肴――!!
だもんなー♡
吉田健一絶賛! 鯛の骨酒!!
その旅行、めっちゃシンパシーっス!!!
どうだべ?『あたりまえのぜひたく。旅飯編』
ひっく
取材だったら喜んで

あるところにはあるもんなんだなーー
小柴産の穴子もしっかり買えたしーー
私は春から探してた山椒の鉢が買えましたしーー♡
2時間の帰り道中、酔いも醒まして
穴子料理あれこれやりますか♡
たっぷりのお湯を沸かしてーー
たっぷりの氷水に
俎板、出刃包丁

穴子の下処理いきまーす
お酒は醒めまひらかぁ？
あんたこそ
組板の上に穴子を並べます
んまっ
皮目が金色に光ってるわー♡
流しに組板を斜めに立てかけて、上から熱湯をかけまして
氷水に入れて冷まします
皮目を上に組板へ——
包丁を立てて刃先で皮のぬめりをこそげ取ります
このぬめりの白いのが匂いの元
新鮮であればあるほど白くしっかり取れてきます

皮目を下、皮寄りの身に串を打ちます
穴子の大きさにもよりますが、今回は頭、胴、尻尾に3本打ちまして
穴子料理あれこれ、手始めといったら——

醤油に山葵でいただく
白焼き——!!

まずは炭を熾します
穴子の白焼きで一番重要なのは実は最初の火加減
ぱちん

たくさんの炭をしっかりキンキンにおこします
穴子の白焼きは遠火ではなく近火の強火が鉄則です!!
ぱちっ

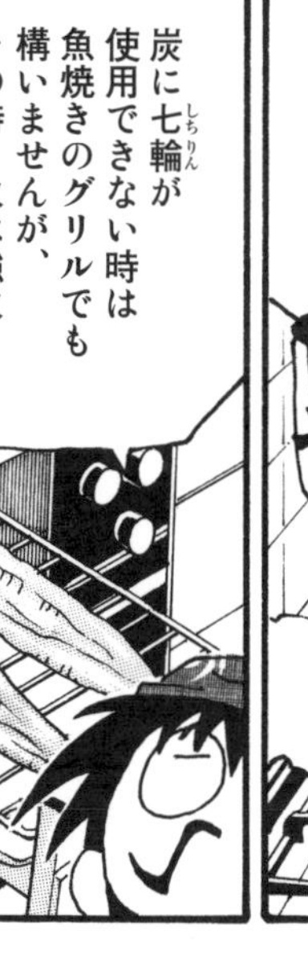
炭に七輪が使用できない時は魚焼きのグリルでも構いませんが、その時も火は強火!!

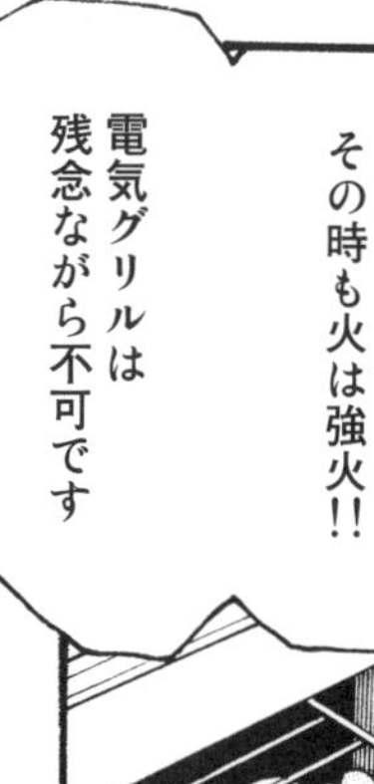
電気グリルは残念ながら不可です

炭火が充分におきたところで
ぱちっ
近火の強火で身側から——くりかえします、近火の強火で身側から焼きます
七輪にのせた途端、もう煙が！
それくらいの火加減でいいのだよ、穴子は
穴子ってのは意外と焼けにくい魚で
火が弱かったり、強火でも遠火にすると
乾いちゃうんだよ、穴子が焼ける前に
いい色に焦げ目がつきました——♡
ぱちっ
皮目もしっかり炙って
ぱちっ
んんんん
なんて心躍る香ばしさでしょ——♡
回しながら串を抜いて——

ジぐりっ
いよいよっスね、小柴産穴子の白焼き
穴子のバットちょうだい、おかあさん
火が強いうちに全部焼いちゃおう
はい♡
ちょ、ちょっとそれ全部って!?
白焼き多くないっス!?穴子料理あれこれじゃないんス!?
もちろん串を打ってないのもあるぞ
ひとり1枚で3枚——これは白焼きにはしないわよね
でも、串打ったの全部焼いたら白焼きひとり何枚食うんスか?
好きなだけ食っても構わんが
オススメなのはなるたけ大振りの串、これは最後に焼く
大きめで身厚なやつの焼きたてが旨いんだよな、穴子は——
おかあさん、そろそろ山葵を
はい
では、小振りな穴子の白焼きはどうやって食べるんスか!?
では特大穴子の白焼きにかかろう
よおおし
無視のパターンかーーい

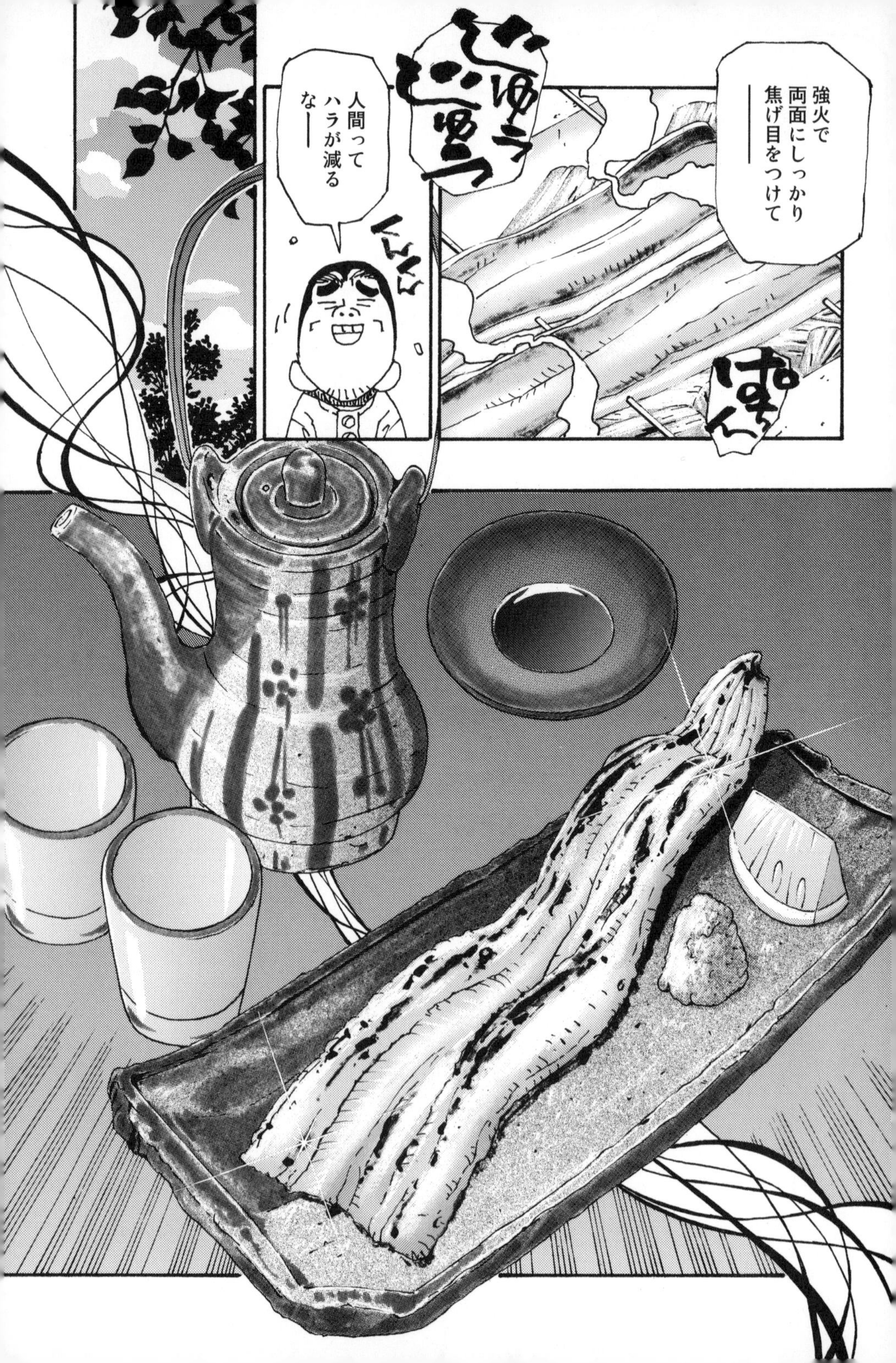
強火で
両面にしっかり
焦げ目をつけて
じゅう
じゅう
人間って
ハラが減る
な――
くんくん

いいんスか!?
これいっちゃって
いいんスか!!?
いいから早く
いきなさい、
熱いうちに
尻尾から
がぶりが
オススメです♡
ひゃあああああ
箸で持つのが
やっと――!!
ぷんっ
うわあ
美味ええ
表面はカリッ!!
中はふわっと
じゅわっと!!
穴子の風味が
しっかりくっきり
で――!!
焦げた香りが
また野趣たっぷり、
ワイルド――!!

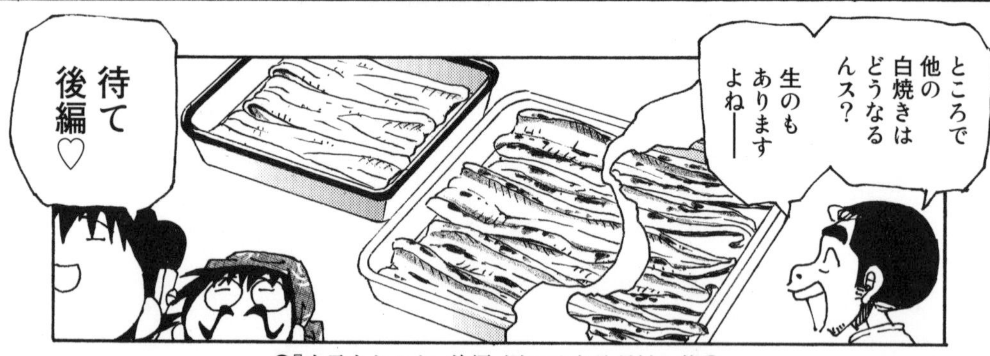

●『穴子あれこれ 前編 酒には穴子だ!!』終●

第八十一話

シンプルな旨みに
香ばしさ、
たまんないっスー‼
塩もなんにも振らずに
炭火で焼いただけの
穴子――
その白焼きの美味しさ
再認識っスねー‼
じゅワ
ぱやそ
寿司屋の穴子は、
白焼きには少々
大きさが物足り
なかったり
炭火焼きが
そもそも
無いだろうし
炉端焼きでも
穴子なんて
お目にかかった
ことないし
あっても
値段に怖気
づいちゃうし
ねー
産地に
やかましいこと
いわなければ
いつもの
市場でも
白焼き用の
特大なら
意外に安く
買えるし
触れません
でした――私、
長さに怖気づい
ちゃって――
茨城産穴子
60センチ

バーベキューなんかにサイコーだと思うんだけどな、穴子の白焼き
お肉だけじゃなくてね
アウトドアブームっスからね――
――で!?
レギュラーサイズの小柴産穴子の白焼き
結構な枚数ありますけど、あれはどんな料理に――
それは本日のメインということで
その前におかあさん、生の穴子で
揚げ物担当♡
はいっ
おっ?!
ということは天ぷら!?
それは朝、市場食堂で食べたので
さてと
まずはツメを作ります
味醂を1カップ鍋にかけて、半量になるまで煮詰めます
純米本みりん

焼きあがってる白焼きのカマの部分を切り取って
味醂の鍋に投入
濃口醤油カップ半分
水飴大さじ半分
5分くらい煮詰めたら火を止めて冷まします
それでは穴子あれこれ2品目
揚げ物いきまーす
材料!! 小柴産穴子、卵
小麦粉にパン粉♡
パン粉ということは——!?
揚げ物は揚げ物でも!?

はい〜っ
穴子あれこれ揚げ物は
ソースじゃなくてツメで食べる
穴子フライ!!
ツメで食べる穴子フライ!!?
初めてだけど、待てよ――!?高松の想像力フル回転で――
想像つきません――
ぽへぇええ
想像力口ほどにもねえな
フライは食べたことありますよ、銀座の三州屋でソースに辛子っスけど
もちろんソースもいいんだけど
ツメで食うのもな――
オツなのよね――
始めます!!
油を火にかけて――
まずは小麦粉を
ふるいで穴子にパラパラと
溶き卵にくぐらせて――
小麦粉

パン粉をまとわせて
170℃の油へ皮目を下に――
ジャッ
途中で返して4分弱くらい
じゅわぁぁ
付け合わせは白髪葱に針生姜
たんたん
純和風
たんたん
幸せの音と香り――
じゅわぁあ
いいカンジですよー――♡
くくん

HEARTLA
穴子はフライもやっぱり熱々(あつあつ)でどうぞ
ツメもたっぷりでね♡
この時点で髙松の想像力完全敗北──!!

ツメを
たっぷり
薬味も
のっけて
いっちゃい
ますね――
ガブリ
はふ
はふ
ぱくっ
わぁっ
いきなり
めちゃめちゃ
美味(うめ)え!!
フライに
ツメなんて!!?
正直 思ってたけど
穴子とツメ
合わないわけ
ないし――!!

揚げ物に
ツメの甘さで
しつこくなるかと
思いきや
白髪葱と針生姜が
すっきりしゃっきり!!
白身魚のフライ
洋食の代表が上等な
和食っスね——!!
むしゃ
ぱく
さく
ぱく
むしゃ
お酒も
結構だけど
揚げ物には
やっぱり
ん〜
んくんく

どれ
穴子料理
あれこれ
3品目
いきます
か——

まあて
いよいよっスね!? この白焼きが どうなるか
頃合いも 頃合い
ごはん物、 お重に しましょう
えっ?!
白焼きのお重なら 焼きたての 熱々じゃないと
もちろん 熱々だよ
冷めてますよ
ぽちゃ
煮るから
ぽい
煮るって、 白焼きを!?
りくう
鍋に水、 出汁昆布を 火にかけて
日本酒、味醂、 醤油、ザラメを 1:1:2 :0.5——
沸いた ところに 白焼き 投入
弱火で—— 穴子の 大きさにも よるけど
今日の穴子は 一尺弱だから 20分くらい 煮ます
くつ
柔らかく ほろほろに 仕上げたければ 生から
逆に、 姿形しっかり 煮あげたければ 一度 焼いてから
くつ
くつ

好みにも
よるんだろうけど、
握り寿司だったら
シャリと一緒に
ほろほろと柔らかい
煮穴子に尽きるし
お重に丼、
白メシと一緒なら
食べてみてくださいな♡
煮始めから
10分
穴子の煮汁を
1カップ半くらい、
小鍋に取り分けます
味醂、醤油を
大さじ1くらい
加えまして
少々
煮詰めます
これがお重の
タレ
お重
ごはんだから
お新香に
味噌汁つけ
ようかな
おかあさん、青森は
小川原湖産のしじみ、
冷凍してたのが
あったよな
あの巨大な
やつ
赤味噌で
頼むわ
沸かして、
赤味噌
溶くだけ
しじみ
冷凍しておくと
とっても
便利♡
純米

穴子が
煮あがったら
しゃもじで
穴子をすくって
バットに並べ
小鍋で煮詰めた
熱々のタレを
上からかけまして
ごはんを
よそって
あぁぁぁ
幸せの香り
が——♡
くんくん
ごはんに
タレを
少々——
これだけで
メシひと重
いけるな
では♡

オー
ごくっ
プン♡

あ…
しみじみ美味え──
たしかに!!
柔らかくてジューシーなんスけど
身がしっかりのシコシコで
おまけに炭火で焼かれた香ばしさもそこに加わって
それがきくちさん家の粒立ちのしっかりしたあきたこまちとベストマッチ
白米には白焼きからの煮穴子!!
江戸の煮穴子、関西の焼き穴子のいいとこ取り!!これぞ穴子料理の真骨頂──!!

んで
嬉しいのが このお新香
うな重に 穴子重、お新香は 欠かせない っスよねーー
あっ
これっス、この歯応えーー
そして
味噌汁
小川原湖産!? 粒がでけーー!!!
あああ
うなぎ屋の 肝吸いに負けず 劣らず、しじみ 腑に落ちるーー!!
朝からずっと 穴子 食べ通し だってのに ぜんっぜん 飽きることが ないっスねーー
黒七味
私は こうです お友達の 斉藤さんから いただいた 京都の黒七味を
ぱらぱらぱら

甘辛ダレのからんだごはんに穴子はちんまり
ちまちま
ちびっ
穴子ごはんつまみに、お酒は辛口純米の熱燗を
ちびび…
とにかく飲むな穴子だ!!
魚の棚商店街!?
そう、明石の駅から歩いて5分くらいのところなんだけど

商店街と市場と繁華街に通学路が一緒くたになったような
すっごいイカした通りでねーー♡
焼き穴子がまた安くて
5匹まとめて串が打ってあって、大きさで1200円とか1500円とか
おみやげに買って帰ろうとしたら、その包み方がまた衝撃的
串を打ったままの穴子を5本まとめて紙でーー
目の前でいきなりだったから
思わず
ええええ!!!
ーーて
東京に帰って蒸籠で温め直して食べたら
激うま!!!
ハマっちゃったのよーー♡

●『穴子あれこれ 後編 とにかく酒には——!!』終●

初夏
朝めし全力投球!!

第八十二話

初夏 原稿明けの朝
梅雨も小休止か、陽射しの匂いがとてもありがたく
ちち…
これ幸い、おかあさんは早速、野良着姿で庭仕事
伸び始めた笹の草取りに余念がない
♪
♪
そんな日常、マンガ家がごく〱あたりまえに始めるのは朝餉、朝メシの仕度である
じゃく
じゃく
じゃく
じゃく
ちょん…
家族分 3合の米を研ぎ
仕事中だとスタッフ分も加わり7合から8合
〈その時は、おかあさんの役目だが〉
じゃ
じゃ

米は田舎(クニ)から直送のあきたこまち
有機栽培、減農薬 等々こだわりの米だ
農家自慢のお米
ザルでしっかり水を切り
じゃっじゃっ
3合分、水は気持ち少なめ、仕上がりは固め
ぴっ
スイッチオン、炊きあがりまで60分
IH
60分
それに合わせて冷蔵庫を物色し、献立を考える
仕事に入る直前、田舎から届きアク抜きしたわらびがけっこう残っている
朝餉にはまたとない特選食材だ
まんが表現の古典

ふとあることを思い出し、味噌汁の具が決まる
出汁もそれに合わせて羅臼昆布の切り落とし
厚削りの鰹節、宗田節
沸いたらアクを掬って弱火でひたすらくつくつ
くつ
くつ
次は炊飯器のとなり、オーブントースターの確認である
おかあさんにとって、トースターは時としてお惣菜の収納庫、昭和でいう蝿帳
仕事明けなどには、中に何が入っているのやら、おそる〜開けてみる
ガ
出た……
湿気た海苔に半乾きの塩鯖……
スタッフ用にぎりめしの残り物である
庭仕事が大好物
ありがたくこれで一品仕上げるとする
ちょきちょき

塩鰆を包丁で
骨があったら
除きつつ
切りほぐす
片手鍋に
あけて
焦がさぬよう
火加減に気を
つけながら、
水気を飛ばす
ように
煎りつける
最初は鍋肌に
思いっきり
ひっつくが、
水分が飛ぶと
はがれるので
気長に気長に
鰆が鍋に
くっつかなく
なった頃合いで
海苔を細かく
ちぎり入れ
水分が完全に
飛ぶまで
乾煎り
バットに広げ、
粗熱を
取って
両手で
揉みほぐして
粒をざっくり
揃えたら
自家製
塩鰆のふりかけ
完成
市販品で
あったら
めちゃくちゃ
高級品である

次はうちの朝餉にはマスト!! の漬物あれこれ
ぱむ
鉄砲漬けに沢庵は市販品
胡瓜の塩麹漬け、らっきょうの甘酢漬け、日野菜の塩漬けは自家製である
包丁使い、盛り付けはお造り同様気を入れないと様にならないのが漬物
特に東北の人間にとって漬物、お新香はその家の格
家庭料理の試金石なのである
そしてわらび
とん
さく…
思わず1本丸ごとつまみ喰い
この美味さが分かる大人、日本人でよかったー♡

ざっくり
根元
ざくっ
穂先を
切り落とす
ざくっ
根元、穂先は
味噌汁
真ん中部分は
おひたしに
ざく
真ん中部分を
切り揃え
かげん酢
土佐
土佐醤油
《『あたりまえのぜひたく。
ー本気です、大人の酒宴ー』
43p》
加減酢
《『あたりまえの
ぜひたく。』同11p》
それぞれ
小さじ1で味付け
炊飯器、
炊きあがりまで
18分
18分
おかあさん
やー

山椒の葉っぱ、お願いしていいですかー―
私はおなかが空きましたーー♡
これ、こないだ横浜の南部市場で仕入れた苗木!?
今のところ順調に根づいてるみたい
♪
んじゃあ
軽く水洗いして
おなかが空きましたーー!!
はいはい
あとは味噌汁だけですからねー

味噌汁に
わらびの根っこに
穂先
わらび
たたき!?
こないだ
言ってたじゃ
ないですか
おかあさん、
わらびたたき
拵えて
ざくざく
ごめんなさい
味噌少し
多かったわね、
辛くない!?
酒のアテには
丁度いいんじゃ
ないか!?
――これ
ぼそ
本能発動顔
味噌汁に
入れたら
いいかも……
田舎でも
ありそうで
未だ食べた
ことない
わらびたたきの
味噌汁
やってみませう!!
たん
だんたん
ざんぐり
たたいた
ところに
山椒の葉
たんたんたんたんたん
ひたすら
たたいて
たんたんたんたん

しっかり粘りが
出てきたら
味噌を多めに、
ひと椀 大さじ1
くらいかな
わらびと味噌が
なじんだら
たんたん
たんたん
完了!!
出汁を濾して
――
ぴぴぴぴぴっ
ごはんが
炊けました、
返します
ねー―♡
おなかが空き
ました――!!
はいはい
こちらも
すぐです
よー―
味噌汁の具は
わらびたたきに
豆腐は小さめに、
薬味は葱

味噌は
わらびと一緒に
たたいてあるので
わらびを溶き
入れるだけ
豆腐
お椀に葱
ごはんを
よそって
おなか
ぺこぺこです
あぁぁ
お待たせー

ぱん
いただきます♡
ざばっ
あらためて初めて食べます
わらびたたきと山椒の味噌汁
心して
ふーふーふーふー
きゃああああんあああ
美味っしー‐‐‐!!
はっ
わたしったらおなかが空きすぎちゃって‐‐‐
でも本当
ありそうでっていうか田舎でも食べたことないものねー‐‐
ず‥‥
ああああああ‥

わらびのぬめり トロみ、嫌みのまったくない滑らかさ!!
ふんわあくと
後から深山幽谷の風味が
それが山椒と味噌の香りをまとって、余韻がきれいに抜けていくカンジ
ずずん…
田舎料理!?いえいえ宮廷にも出せますよ、これは

ごはっ
白ごはん♡
炊きたてです、心して
はふはふ

きゃあああんぐあああぁ
ごはん粒がしっかりくっきり、上手に炊いたわね――
美味しくし♡
おなかが空きすぎちゃって
はー
…

あああ
この独特の歯応え、味覚が試されてるみたいなかすかな風味
わらびのおひたし、朝ごはんの基本だわー♡
さくさく
わらびたたきの味噌汁もそうだけど
さくさく
わらびにはやっぱり白ごはんだよなー
パンにバターじゃねー
トマトソース、ニンニク、ラー油、オイスターソース、キムチにカレー
口の中でわらび瞬殺だな
テレビでもよくあるけど、生産者さんの郷土料理を紹介したあと
同じ食材でフレンチにイタリアンの日本人有名シェフが
めちゃ手の込んだ料理で生産者感動――!!ていう番組
わらびじゃ絶対やってほしくないよな
逆に有名シェフ降参したら面白いわよね

淡い味同士が醤油、味噌の調味料の補助で
口の中で一緒になって最高の味に昇華していく
心の底からしみじみ幸せですね、日本の朝ごはん
ぱくぱく
うちのお米でとどめよね――♡
さらに私はこうしちゃいます♡
あっわしにもください、おかあさん
あぁあ♡
なんて幸せな粒々――

んんん
鯖が香ばしい
海苔がまた
いい仕事ー
これも絶対
白ごはんー♡
ぱく
ぱく
これなんて調味料、
もともとの鯖の塩
だけだもんな
しかも
これが前日の
残り物
こういうのが
おとうさんの
料理よねー
良くいえば
ひと手間
ふた手間
言い方
変えれば
ヒマだから
おかげ様で
おいしい朝ごはん
おかわり
しまーす
ちくしょおお
スタッフのいない日は
ほとんどおとうさんです
ものね、朝餉の仕度
おかわりは
いいですか!?
くださいい♡
ふりかけに
漬物盛り合わせ、
無敵ー♡
ぽりん
ぽりん
ぱく
ぱく
●『初夏 朝めし全力投球!!』終●

ごちそうです!! まっ黒大根。

第八十三話

最初に自分の
諸々の至らなさにより
このマンガが
まことに久方振りに
なってしまったことを
率直に心より
お詫び申し上げ
ます
陳謝

故に——
前回（82話）から
季節が一気に
冬!!
——になって
しまっていても
何卒 ご容赦
願いたい

一気に冬だねぇ、おかあさん
一気に冬ですねぇ、おとうさん
大東京綜合卸売センター
冬といえば――
大根 120えん 1本
んまあっ
こんな立派な大根が120円!! 安くない!? おとうさん
いいねぇ!!
葉っぱも青々と新鮮そうだし
思うんだよおかあさん
何をです？
料理の東西
料理の東西!?
例えば うどんの出汁、昔から未だに言うじゃないか 西の人間は
関東のうどんの出汁は黒くて塩辛くて飲めたもんじゃない!!
他にも煮物全般、おでんなんかもそう――
西のおでんは色が淡くて、東のおでんは醤油色

ちなみに現在の形でのおでんという料理は、実は関東が発祥
関西では関東炊きと呼ばれまして、出汁も最初は醤油色
それを関西人の口に合うように改良して、関西のおでんは出汁も淡い色
それでも名称は関東炊き——とおでんはおでんで、地方色が豊かでとても興味深い世界であります
いずれじっくり掘り下げてみたいものです
私は松江で食べた
春菊入りおでんが大好きです♡
話を戻そう、とにかくあるだろう、関西風の淡い色の料理が上等上品!!
関東風は下品!!
しょうがないけどあるわねえ
そのうえ我々は北東北人、関東から更にド田舎
出汁はもちろん醤油色
シャクじゃないか、それだけで下品呼ばわりされるのは!!
あなたは違う意味で下品の王よ
よって、『あたりまえのぜひたく。』——今回は醤油色料理東の逆襲!!
大根そこまで真っ黒に煮る!!?
——でどうだ!!
チャレンジャーだわ

さぁて
大根に合わせる魚は、と
ハギ600円
1,200円
魚と煮るんです？
そのつもり
じゃあブリ大根とか？
おお!?
キンメ2000円
キンメがいいですねー
相模湾小田原早川
くださいー!!
まぁぅ
クロダイ1200円
マサバ
大根にキンメ鯛!!?
ブリじゃ月並みだろ
チャレンジャ――
あとは葱に生姜
調味料
庭の柚子

真っ黒大根!!?
下町生まれ下町育ち
てやんでえ
上等!! まかしてくださいよ
関東炊きの代名詞、お多幸のおでん最高じゃないスか――!!
いけすかねえっスよ
下品だなんだ、江戸のそば、うどんの出汁にケチつける関西のオヤジ連中――
京都のラーメンなんて下品だぞ――ギットギトで――
ひがみと紙一重ね
材料はいたってシンプル
大根にキンメ鯛
早い話がブリ大根ならぬキンメ大根
葱に生姜、柚子は薬味

ではっ
本日の主役、大根の下拵え
おかあさん
はい♡
ざくっ
葉っぱを落として
落とした葉っぱは軽く干して
細かく刻んで味噌汁の具、油揚げと一緒に炒め物とかお惣菜
きっちり乾かして、精進の出汁にしたり、いろいろ使えます
この出汁で煮るコンニャクが美味いんだよな、今度やろ
ぶつっ
大根は5～6㎝くらいに切り分けまして
ぶびび
厚めに皮を剝いて
びびびっ
面取りをします
今までおでんとか風呂吹きとか大根料理やりましたけど、初めてじゃないス？
きくちさんが大根の面取りするのって

うーん
うちの大根料理は普段なら弱火でカドを壊さず、砂糖、味醂も極力使わずに、だけど
今回は、あえていつもと逆
十字に隠し包丁を入れて
剝いた皮も面取りしたクズも漬物にしたり
切り干し大根にしたり、決して捨てません
鍋に大根を並べ入れて
水を張ったら
ぱっ
玄米ひとつかみ
玄米
料理本レシピだったら大概米のとぎ汁
カチ
ぼっ
けど――
そんな都合よく米のとぎ汁なんて
ある!?
大根の下茹で、アク抜き――米のとぎ汁がない時は、うちじゃ玄米
玄米がなかったら生米でもOKです
沸いたら弱火で竹串が通るくらいまで

キンメ鯛は
ウロコを
ひいて
刺身では
ないので、
カマを残し
頭だけを
落として
水洗いして
3枚におろす
わけですが
刺身ではなく
鍋物にする
イメージで
このような形で
切り分けます
もちろん
お店の方に
任せても全然
構いませんが
内臓以外は
頭に骨のアラも
もちろん全て
使用します

頭と骨に
塩をして

5分程おいて
沸かしたお湯に
投入します

即ザルにあげて
ざあっ
流水でよーく掃除して
鍋にたっぷりの水
昆布を入れて火にかけます
掃除した頭に骨を入れて沸いたところで
ぐつ
アクを掬いつつ弱火で30分
ぐつ

頭に骨は出汁だけですか!?
ブリ大根だと大根と一緒に頭に骨、アラも食べますよね

ブリ大根はアラも身も大根も一緒に煮あげる飾らない郷土料理
しかし、今回のキンメ大根目指すのは
色はすさまじく黒褐色なのに誰が見ても
ごちそうじゃないかー!!!
だからな

大根に竹串が通るようになりました
そしたら軽く水洗い
再び 鍋に並べ入れまして
キンメ鯛の出汁も頃合い
ぐつ
ぐつ
頭に骨に昆布を濾して
大根の鍋にひたひたに張りまして
日本酒に味醂、それぞれカップ1
充分に沸騰させてアルコール分を飛ばしたら、アクを掬いつつ中火に落として15分
ぐつ
ぐつ
そしたら今回の料理〝大根そこまで真っ黒に煮る!!?〟
マストアイテムの登場です!!
な、何?! 何なの?!!
それは——

はいっ
こちらです
再仕込み醤油
秋田は角館より
十年さいしこみ
含みを持たせたわりに控えめな紹介ね
品が無いと思われちゃいかんのでな
再仕込み醤油!?
詳しいことは分からんが、普通の醤油は大豆、小麦の麹に食塩水で仕込むところを
おいしい水
おいしい水
食塩
その食塩水の代わりに、なんと既に出来あがってる醤油を使うという
ものすご――く手間のかかった醤油なんだそうな
はははあああ
きくちさん家じゃ普段から使うんス?
田舎のお知り合いにいただいたりしてね
おとうさんがけっこう気に入ってて
大きな声では言えないがひきわり納豆――!!
大根おろしとこの醤油で食うの
んもおおお
マンガで描きますねー

そのあまりの色の濃さにおじけづき
煮物に使用するのは禁じ手としてきたのだが
今回はあえてその禁を解く!!
チャレンジャー……
再仕込み醤油のえらいのは、色の濃さとは裏腹に塩気のまろやかさ
かといって、大根とキンメの風味は殺さないよう使いすぎは禁物!!
まずはカップ2分の1味醂の半量!!
キッチンペーパーで落としブタ
常に出汁が沸いている状態をキープ!!
30分ほどでキッチンペーパーを外して
ちょいと様子を見てみましょう
いいカンジ——♡
再仕込み醤油がいい仕事してるわ——♡
大根の煮汁が半分になったら、霜降りにしたキンメ鯛のカマに切り身を並べ入れ
再び落としブタ、魚を入れて15分
沸いてる状態キープ!!

15分経ったら味見をして
何回かに分けて醤油を足していきます
味が決まったら生姜のスライス2～3枚
生姜は後からですか？
キンメが良いから匂い消しというより風味付け
落としブタで更に5分くらい煮詰めます
火を止めたら
大根をひっくり返す
ひっくり返す!!?
煮汁が底に2㎝くらいだから
大根にはまんべんなく色をつけたいじゃないか
もちろん冷ましてる間に味も
ぎゅっ
と、入るわけだ
表面が乾かないよう落としブタは必須
りょうかあ
こんだけ手をかけるんだったら面取りは必要だよなァ
薬味に白髪葱、針生姜
柚子皮の千切りを用意して
食べる分だけ温めなおして

山廃純米
雪の茅舎

ごちそうじゃないスかーー!!!
やわ肌です♡
んむ
か……
甘美(かんび)!!!

いやっ
ぜんぜん
このツヤ!! 照り!!
たしかに大根は
真っ黒スけど
くどくもなく、
塩辛さも
全くなく
醤油っぽさも
大根の風味と
とってもよく
合います!!
甘めの味付けが
ごちそう感を
盛り上げて——!!
大根が
ころりんで
見た目にも
かわいいわァ♡
面取りも
いいもんですね、
おとうさん
そんじゃ
キンメ鯛いき
ますねー♡
これはもう
絶対 間違い
ないやつ!!
ごちそオー

生だと、とっても柔らかいキンメの身が しっかり!! だけどホクホク!!
口の中の充実感がすごいわ――!!

醤油とあいまった魚の風味、香り!!

煮魚のこの美味しさは絶対 東に軍配っスね!!

大根もそうでしたけどキンメも
表面の黒さとは裏腹、芯に色も風味も残して

逆に薄味、淡色で仕上げるより難しくないんスかね、こっちのほうが
再仕込み醤油のおかげじゃねーか

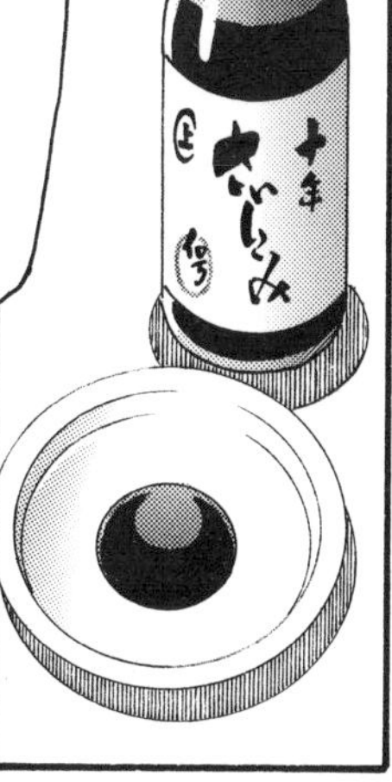

色のわりには風味、塩味もまろやか――ほのかに甘さまであって
普通の醤油で味も色も中途ハンパになるよりいいんじゃない?

ここまで真っ黒だと味の東西、上品下品、超越してるし
何より味が――

●『ごちそうです!! 真っ黒大根。』終●

マイブーム?! 褐色グルメ。

第八十四話

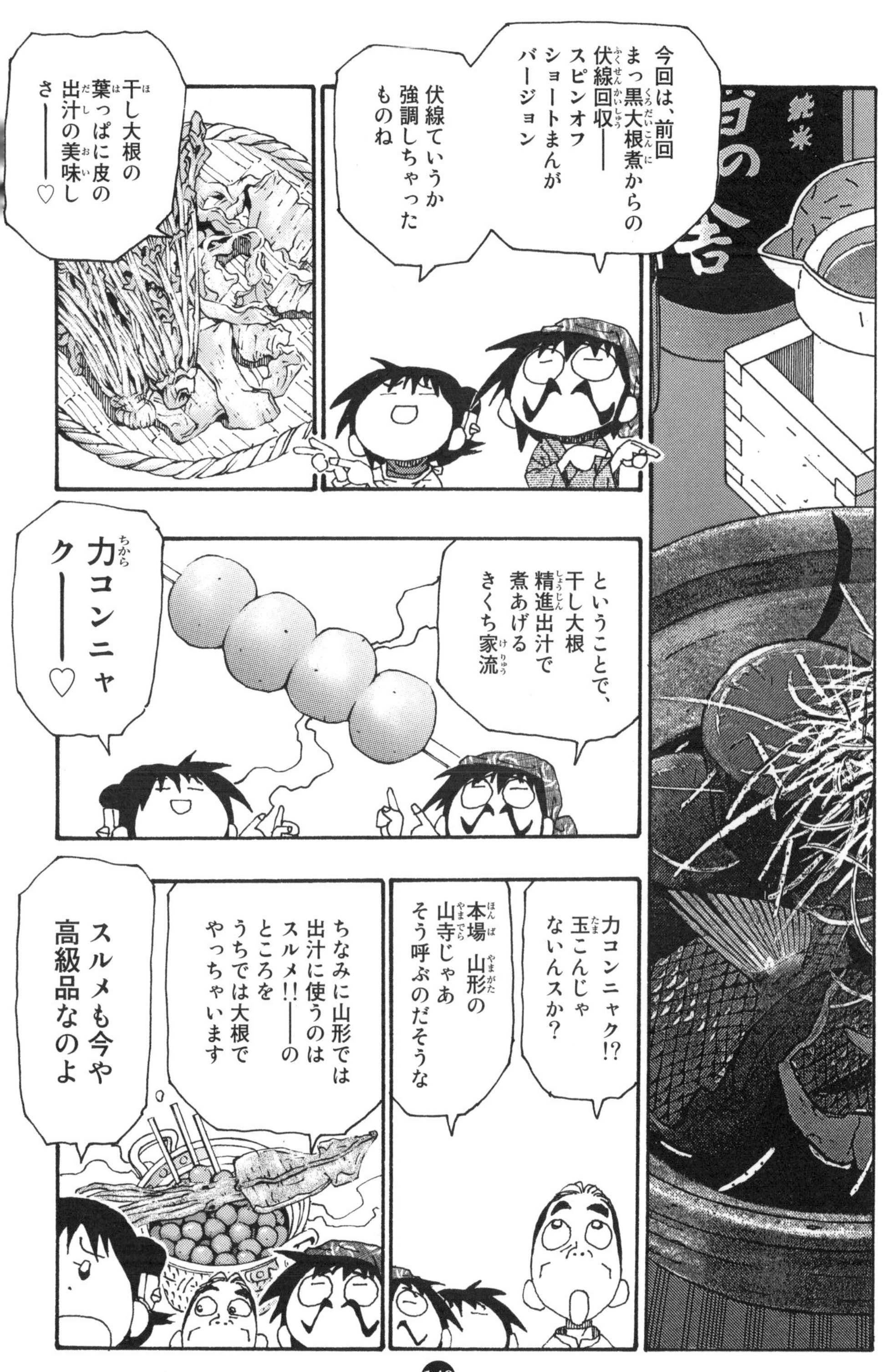
今回は、前回まっ黒大根煮からの伏線回収――スピンオフショートまんがバージョン
伏線ていうか強調しちゃったものね
干し大根の葉っぱに皮の出汁の美味しさ――――♡
ということで、干し大根精進出汁で煮あげるきくち家流
力コンニャク――――♡
力コンニャク!?玉こんじゃないんスか?
本場山形の山寺じゃあそう呼ぶのだそうな
ちなみに山形では出汁に使うのはスルメ!!――のところをうちでは大根でやっちゃいます
スルメも今や高級品なのよ

ショートバージョンなので、早速始めましょう
まずは干し大根の葉っぱと皮をさっと水洗い
ひたひたの水で1時間戻します
戻し汁ももちろん出汁に使います
さて!!
そしたら玉コンニャク
出来れば粒のうんと大きなものがあればいいんだけど
普通の板コンニャクを自分でひと口大に切ったやつでも構いません
コンニャクの下拵え
鍋でひと煮立ちさせて、アクを抜きます
ザルに揚げて
水気をしっかり切ります
そしたら戻した大根の葉っぱと皮をザルで濾して——
戻し汁は鍋にとって
皮は切り干し大根煮やキンピラ用にして
ハンパな切れ端部分も捨てずに

戻し汁を火にかけて大根の葉っぱ
先程のハンパな皮の切れ端を投入
追加で出汁昆布
別鍋を火にかけて、カリカリに空焼(からや)きしたところで
おとうさん、タッチ
はい、では カリカリに焼けた鍋に玉コンニャクを
しっかり乾煎(からい)りして水気を飛ばしたら
昆布と大根の出汁に

派手な調理が苦手
タッチ
得意技フランベ
あんな派手に乾煎りするのはなんのため!?
味を染み込みやすくするためなんだけど、派手になっちゃうんだよなァ
コンニャクはどうしても
調味料
真っ黒大根つながりで、これ!!
再仕込み醤油だけ!?
もちろん普段の醤油でもいいし、味醂とか甘さを足してもいいいし
そこはご自由に
沸いたところでアクを丁寧に掬って
セントラルヒーティングで
1時間
味見して
味を調えます
火からおろして
粗熱が取れたところで出汁を濾しまして――

コンニャクを出汁に戻しまして——
ひょこひょこ
こういう作業がものすごく速い
ひょ
出汁ガラはこっち——♡
これで味と色を染み込ませます♡
ごちそうの予感
キャあぁ!!
せっかくだから今日は特別に縁日、観光地気分で
勝手知ったる担当——♡
食べる直前に温めて
辛子を練って
S&B からし
きくち家 精進力コンニャク——

完成!!
EBISU
玉コンがめっちゃごちそうや

辛子は塗りすぎ注意
串玉コンニャクってテンションあがるぅー!!
ビールもいっちゃえ
褐色の辛せ
色は褐色なんだけど塩辛さゼロ!!
味醂とか入ってないスよね、大根の出汁と再仕込み醤油の甘さ!?
干し大根の出汁、めっちゃ優しいっスねーー
ホント精進!!
柚子のあしらい、香りと色もいいアクセントで

素朴でシンプルなんだけど
究極の田舎料理じゃないスか!!
串の玉コンニャクって縁日とか観光地、お寺の参道
あちこちあるけど、本場はやっぱ山形かな
米沢、酒田――縁日とかじゃなくて駅の売店とかで
普通に売ってるものね、ソフトクリームと並んで
玉こんにゃく
ソフトクリーム
中でもやっぱり一番は山寺の力コンニャクかな
コンニャクが大きくて味がすんごい染みてて豪快に割り箸なのよね、串が
鍋の中にはスルメ!!出汁がきいてて
何より値段が1本
百円!!!
安いーー!!
あれは当たりだったわー
ええええ
でも玉コンにそんな外れなんて無いでしょうに
玉コンてひと串何コよ

●『マイブーム?! 褐色グルメ。』終●

焼肉のタレからの生姜焼きは
豚に非ず。

第八十五話

旨い!!
ビールのお供にうずらの煮玉子!!
風味が中華、しかもエスニックな台湾風
こんなオツなアテが自家製!!?
へえええ!!
自家製といってもゆで玉子を煮玉子なんてタレに漬けておくだけだし
カンタンといえばカンタンよね
ふむふむ
タレ!?どんなタレなんス?

自家製焼肉のタレ――!!?
焼肉のタレ、自分で作っちゃうんス!?
市販のやつって最後まで使い切ったことってないし
家でそんなやらないしな、焼肉
ホットプレート壊れちゃってからは特にな
焼肉のタレとホットプレートってセットな感じしない!?
焼肉のタレ
それに市販のタレだと味が強いから、焼肉以外の料理にはなか〳〵使いづらいんだけど
自家製であっさり仕上げてやると、焼肉はもちろん炒め物、炒飯、焼きそば
今日のは八角少々加えて煮玉子を漬けたりと
いろいろ使えてとっても重宝するのよ
焼肉のタレ
カンタンどころか、手間かかってるじゃないスか――
旨いわけだ――!!
んじゃあ
今回はおうちで作る焼肉のタレ
決まり♡

きくち家 自家製 焼肉のタレ、材料、調味料です♡
リンゴ 大きめのもの 3コ、生姜の皮、ニンニク
濃口醤油、日本酒
濃口しょうゆ
日本酒
めっちゃシンプルっスね、これで焼肉のタレになるんス!?
なるんだよー
始めます
たん
とん
リンゴは皮を剥かずに4等分
タネは切り取って――
皮ごと擂りおろしまして
ボウルにザルを乗っけて布ぶきんで
搾ります!!
うりゃあああ
ぎゅうううう

搾った
リンゴの汁を
鍋にあけて
火にかけて
アクを
掬いますす
中火で15分
煮詰めたところに
生姜の皮
皮!?
皮のほうが
風味が
強いので
タレには
好都合
はい
捨てるの
もったい
ないし
うちでは
普段から
皮を剥いたら
冷凍してるの
そしたら
ここで
お楽しみ
リンゴと生姜の
汁を小鍋に
取り分けて
味見どうぞ、
髙松さん
めっちゃ濃厚な
ジンジャーシロップ!!
そうなのよ、
このタレを作る時の
私の密かな
楽しみ
炭酸で割って
氷にレモンで
お手製
ジンジャーエール
ほっ
と、
ひと息
炭酸水

酒を足すな――!!
美味しいのは分かるけどタレもまだ途中――!!
ニンニクも搾り入れて
ジャー
リンゴ汁が半分くらいに煮詰まったあたりで
お酒 カップ1 濃口醤油 カップ2杯半
さらに5分煮詰めたら
ぴぴぴ
生姜、ニンニクを濾して――
きくち家焼肉のタレの完成――!!
それでは、わしのお楽しみを
タレだけで終わらせるつもりか

自家製 焼肉タレ料理、焼肉といっても、牛肉、豚肉ではなく、あえて今回は鶏のモモ肉です
寒さも厳しい折りも折り、温ったかごはんに生姜たっぷり、身体の芯までぽっかぽか!!
鶏モモ肉の生姜焼きどんぶりーーー!!
〈材料 調味料〉鶏モモ肉、おろし生姜たっぷり、赤ワイン、塩、コショウ、自家製タレ
鶏モモ肉は軽く塩、コショウをなじませて
カッカッ
フライパンに油を少量、火は弱火
鶏モモ肉は必ず皮目から
じゅう
弱火で皮目から焼く理由は!?
じゅううう
皮をコがさないよう、時間をかけてじっくり油を炙り出すの
そうすると皮がパリッとサクッと仕上がるのよ
20分くらいで裏返す
いい色じゃ〜〜〜♡
じゅううう

裏返したら
火は中火で
5、6分
じゅううう
その間に
生姜ダレを
拵えよう
焼肉のタレ
大さじ2、
赤ワイン
大さじ1
赤ワイン!?
風味付けと
タレが煮詰まって
塩辛くなりすぎ
ないように
おろし
生姜を
どぼん!!
結構 入り
ますね――!!
うちのタレは
あっさり軽く
仕上げて
あるから
好きなように
カスタマイズ
しちゃうのも
楽しみのひとつ
両面が
焼きあがったら、
皮目を下に
俎板の上に
取り出して
じゅううう
食べやすい
サイズに
切り分けて
皮目を下に
するほうが
絶対 切りやすい
だん
フライパンに
また皮目を上に
戻し入れて、
ここで火は強火
じゅうううう

ごはん
お願い、
おかあさん
はいです
焼肉たっぷり
生姜ダレ、
一気に
じゅうぅぅ
火が
上がった!!
タレと鶏肉が
よーく絡まった
ところで──
赤ワインの
アルコール分
肉料理
仕上げは
こうじゃないと

食べる前から
絶対美味しい
やつ――
です♡
ではでは
ではー♡

きくちさん家でひさびさのどんぶりメシ
ち
くばっ
がばあああ
んああっ
めちゃくちゃうめえ美味ええ!!!!
またもやレギュラそ?!
正直 思いましたよ、いくらなんでも生姜 多すぎだろ
いやいや
全然そんなことない!!
逆にタレを含んだ生姜だけでメシがいくらでも食えますよ!!

そうよね、これはおとうさんの料理よね
私だったら生姜こんなに気前よく使えないいもの
がぁあぁ
食べっぷりは気前よいけどな
いつもはお皿でフォーク、ナイフが多いわよね、鶏の生姜焼き
丼にして食べるのって初めてじゃないかしら
んがぁあぁ
あぁあ
気に入ったということだな
じゃあぁあ
いいっスね、このタレ味醂、砂糖じゃなくてリンゴだけの甘さが軽くてくっきり、爽やか
ベースの醤油味もニンニクもすっごい控えめで
でも、これはなんのタレ!?て、聞かれると
でしょ!?
焼肉のタレっス!!!

ガあああああ
そのおかげでしょうね、料理で加えたおろし生姜がしっかり効いて
市販のタレだとこうはいかないッスよね
うめえええ
があああ。
それがまたうちのお米と合うこと合うこと!!生姜の作用でお腹もぽっかぽか!!
美味しい〜♡
どやあああ
ごちそうさまあああた!!
デザートがわりにいかがかしら
オリジナルリンゴのジンジャーエールレモン
炭酸水
からん…

わしのお楽しみは!?
はぁはぁ
入れてあるわよ、安心しなさい
さわやかー!!!
ジントニックのとってもいいやつ——!!
いやいや
今日は味の新発見!!
生姜焼きと言えば、普通豚肉じゃないですか——
考えてみると初めてっスよ、鶏肉でなんて
驚きました!! いいっスねー 鶏の生姜焼き
きくちさんのオリジナルスか?
それともどこか お店のメニューで
オリジナルだとかっこいいんだろうけど
昔、大学に通ってた頃

●『焼肉のタレからの生姜焼きは豚に非ず。』終●

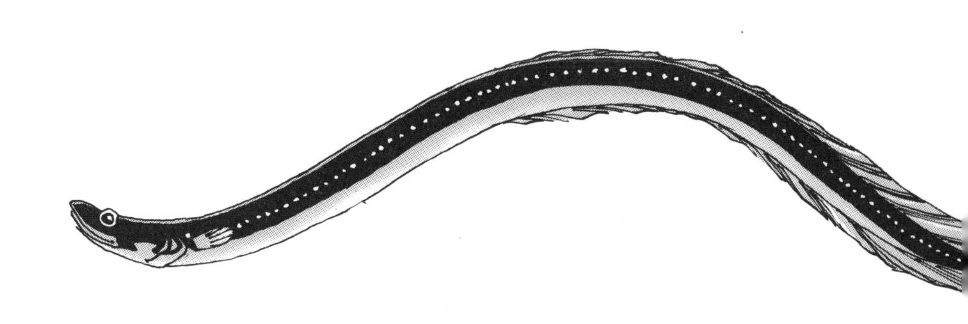

きくち正太（きくち・しょうた）
秋田県出身。1988年、週刊少年チャンピオン（秋田書店）にてデビュー。代表作『おせん』『おせん　真っ当を受け継ぎ繋ぐ。』（講談社 / モーニング・イブニング）、『きりきり亭のぶら雲先生』『きりきり亭主人』（幻冬舎コミックス）、『瑠璃と料理の王様と』（講談社）など。食や日本の伝統文化、釣りなどを主題にした作品が多く、ガラスペンを使った独自の絵柄にも熱烈なファンが多い。現在、『おせん -和な女-』（幻冬舎コミックス）を連載中。
近年、ギタリストとして音楽活動開始。Acoustic Instrumental Trio「あらかぷ」で都内ライブハウスに出演中。

［初出］
・第七十七話 ~ 第八十五話
『comic ブースト』2022.04 ～ 2023.01

2023年2月28日　第1刷発行

著　者　きくち正太
発行人　石原正康

発行元　株式会社 幻冬舎コミックス
〒151-0051 東京都渋谷区千駄ヶ谷 4-9-7
電　話　03(5411)6431（編集）
発売元　株式会社 幻冬舎
〒151-0051 東京都渋谷区千駄ヶ谷 4-9-7
電　話　03(5411)6222（営業）

振　替　00120-8-767643

本文製版所　株式会社 二葉企画
印刷・製本所　図書印刷株式会社

検印廃止

ISBN978-4-344-85190-0　C0095　Printed in Japan
幻冬舎コミックスホームページ　https://www.gentosha-comics.net